Engineer Swears

Swear Word Coloring Book
To Rant & Relax

By

S.B. Nozaz

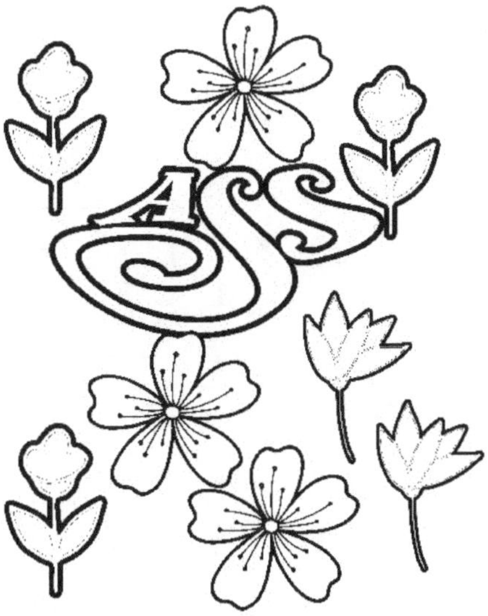

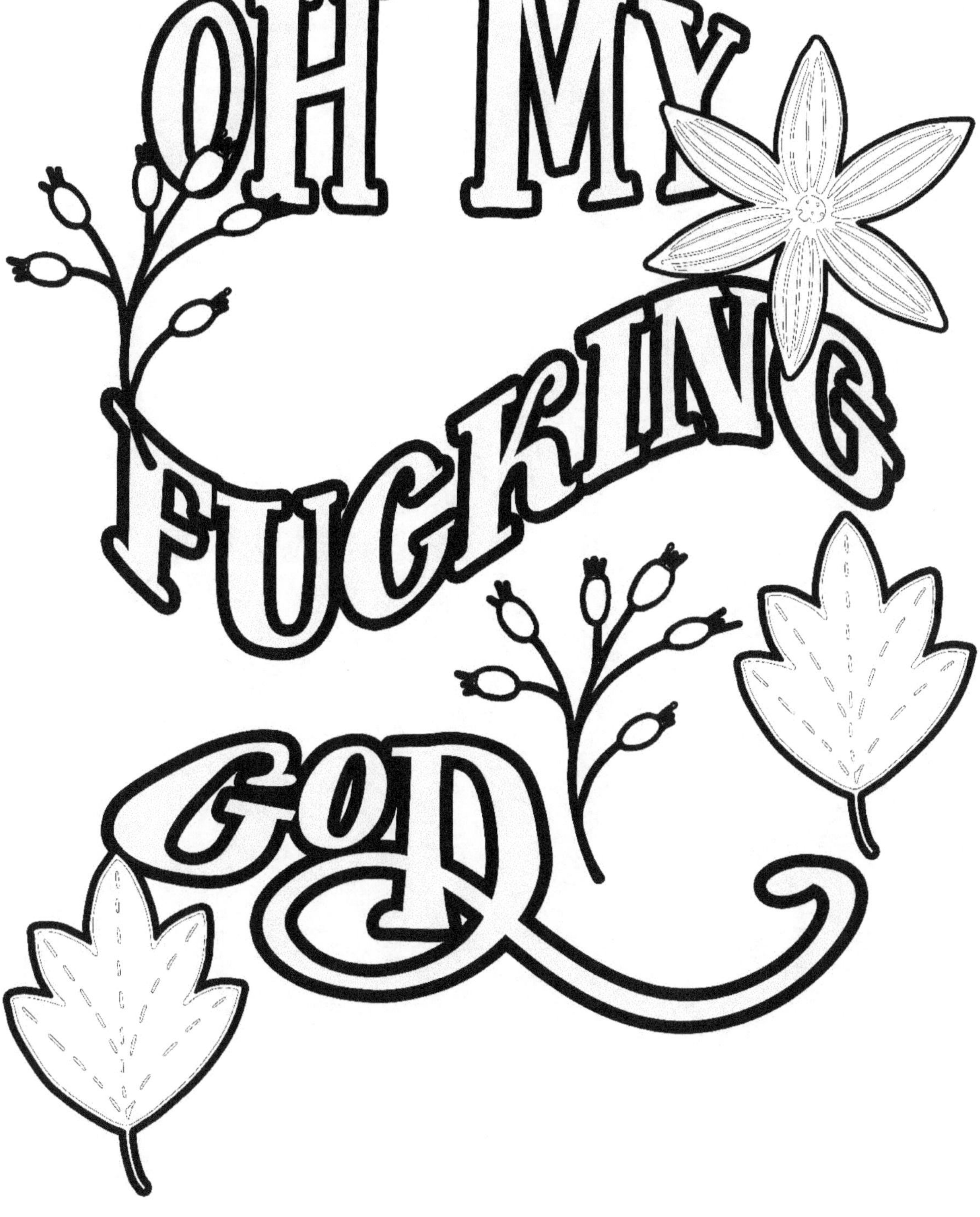
OH MY
FUCKING
GOD

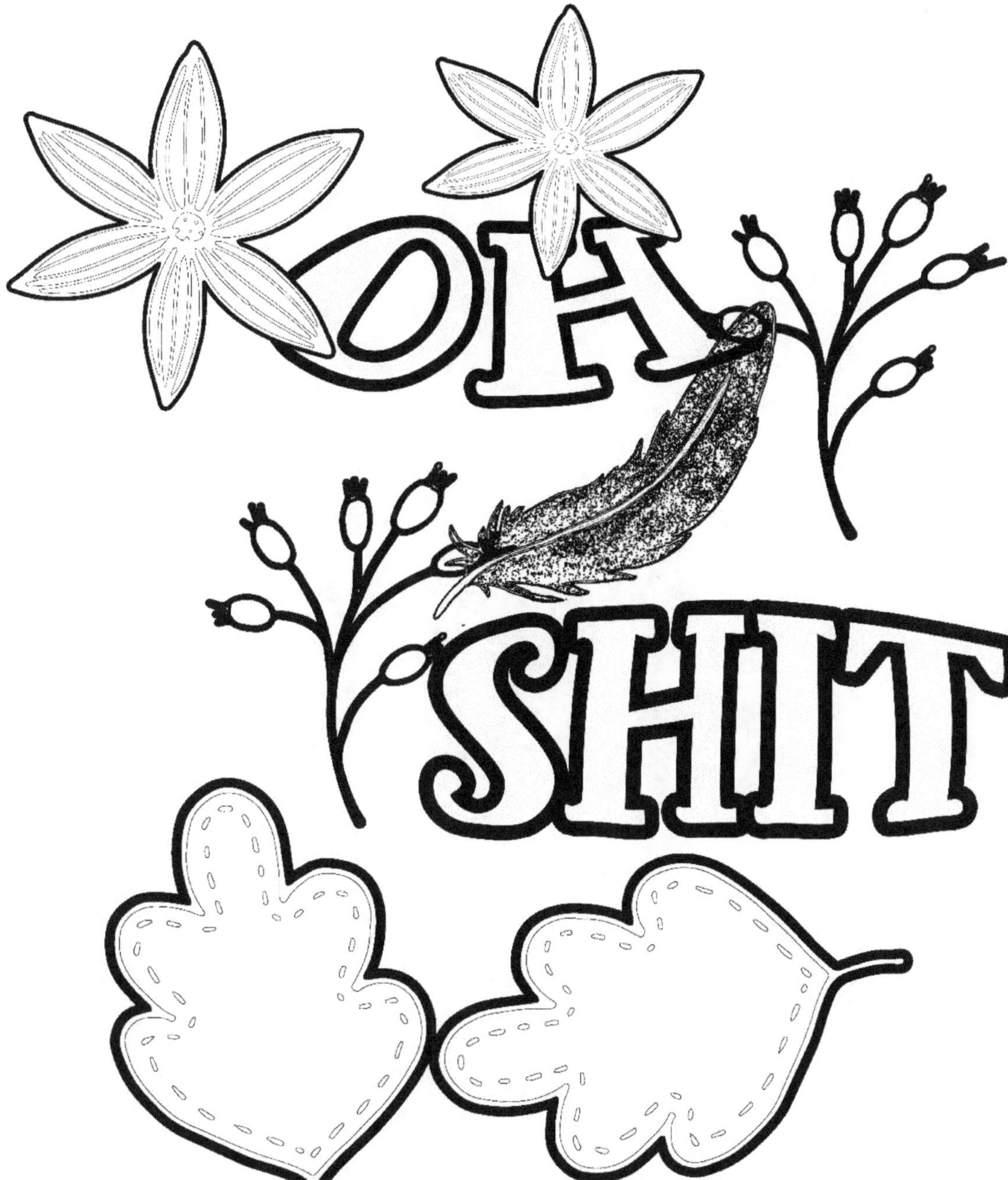
OH
SHIT

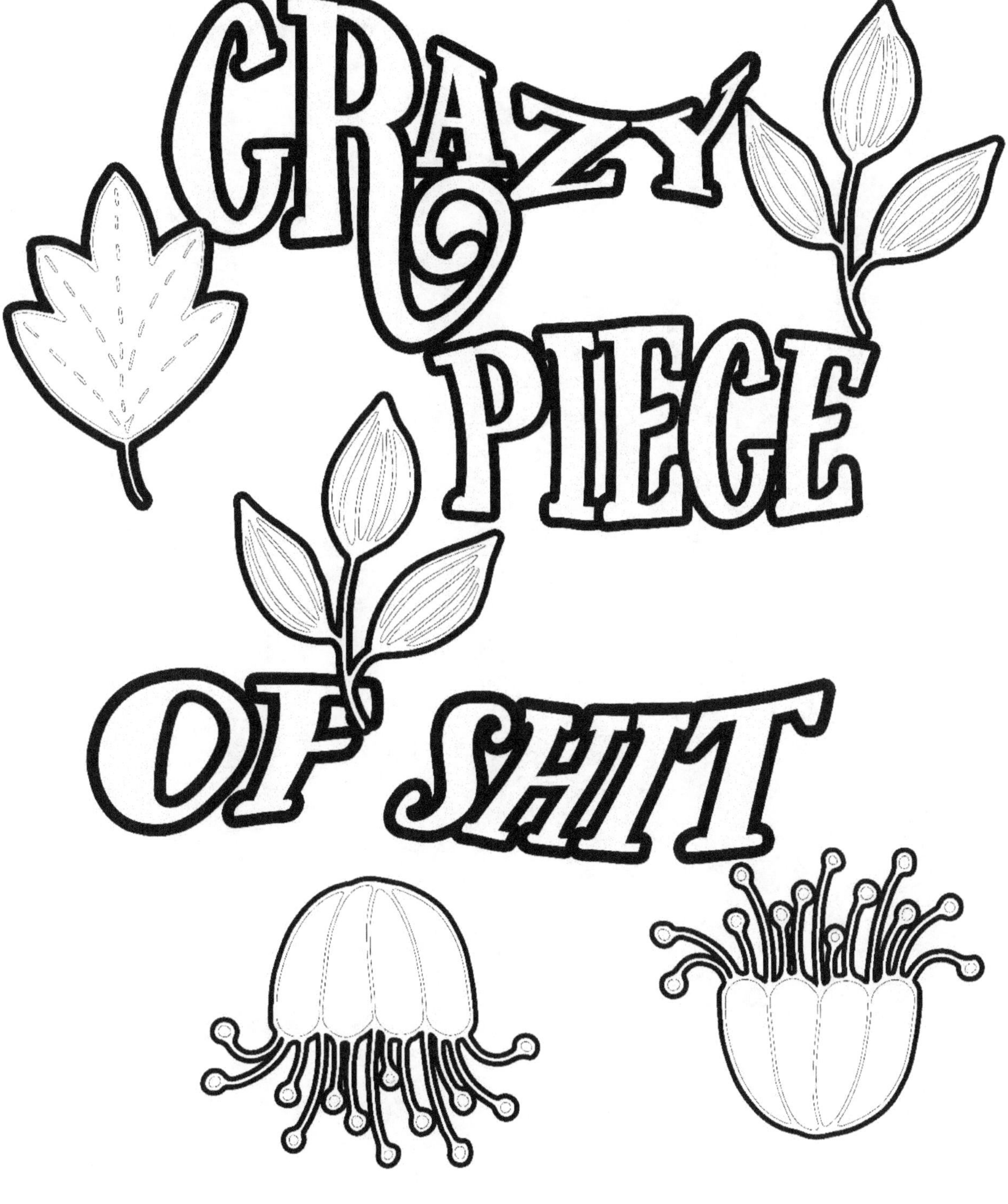
CRAZY
PIECE
OF SHIT

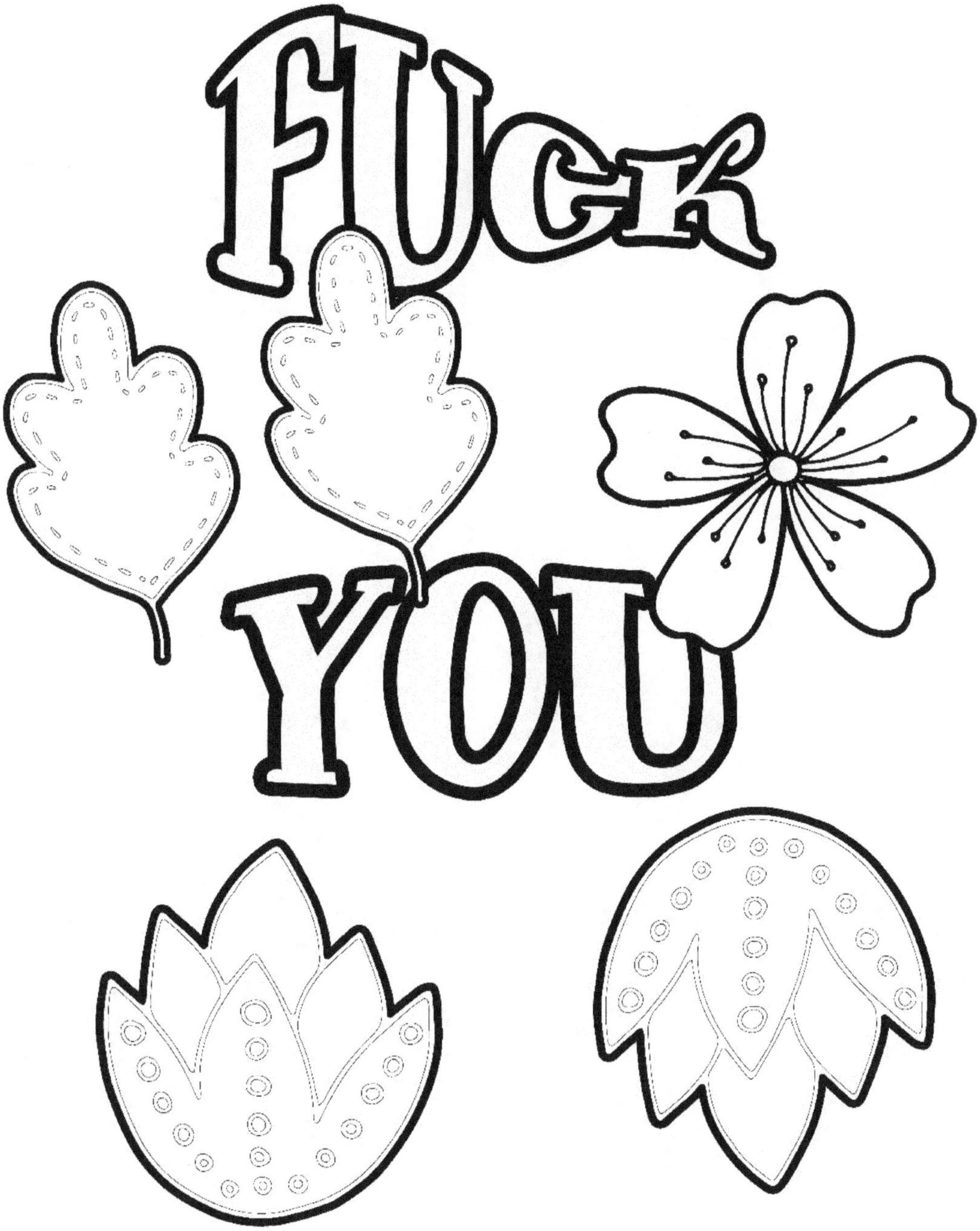
FUCK
YOU

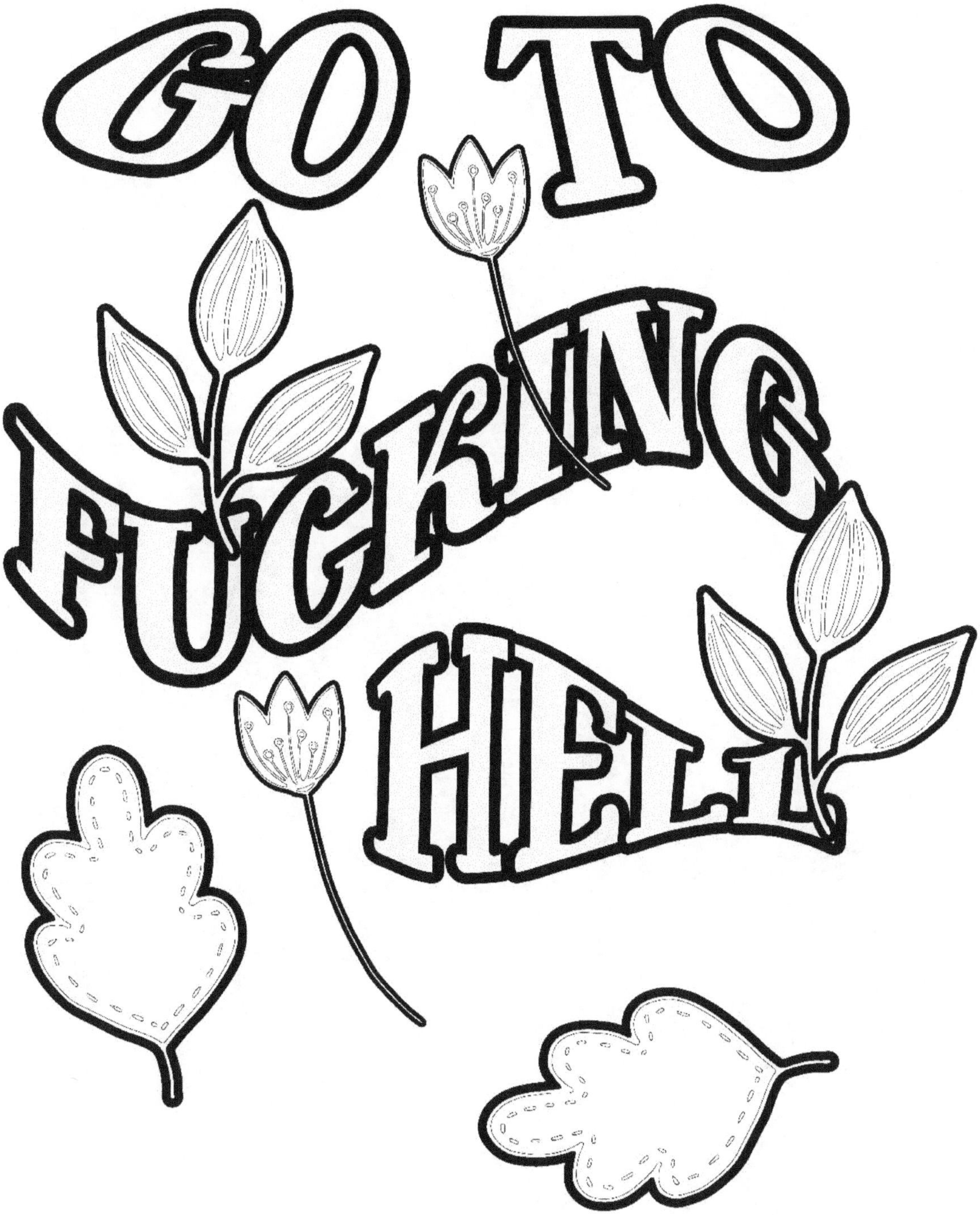
GO TO
FUCKING
HELL

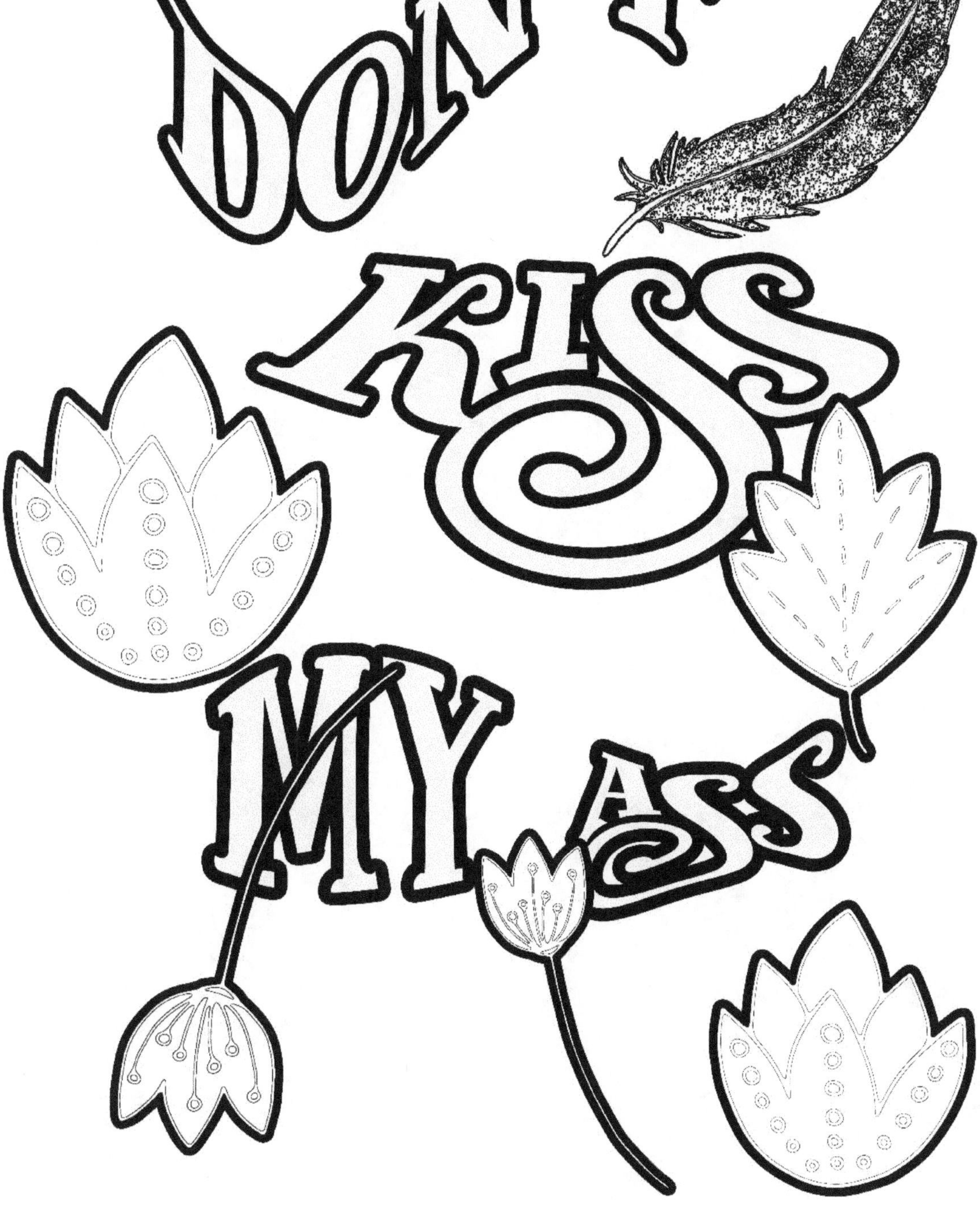
DON'T
KISS
MY ASS

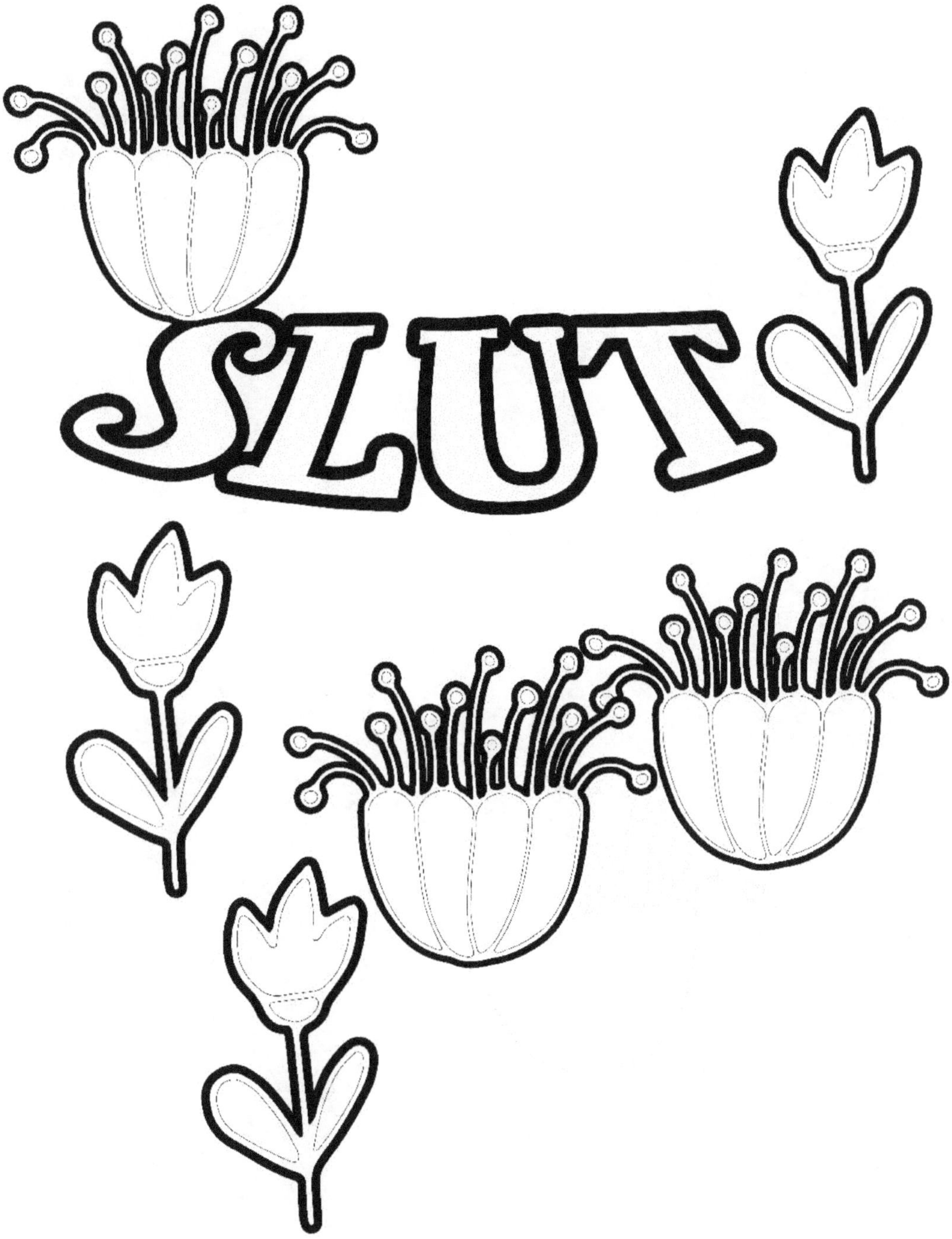
SLUT

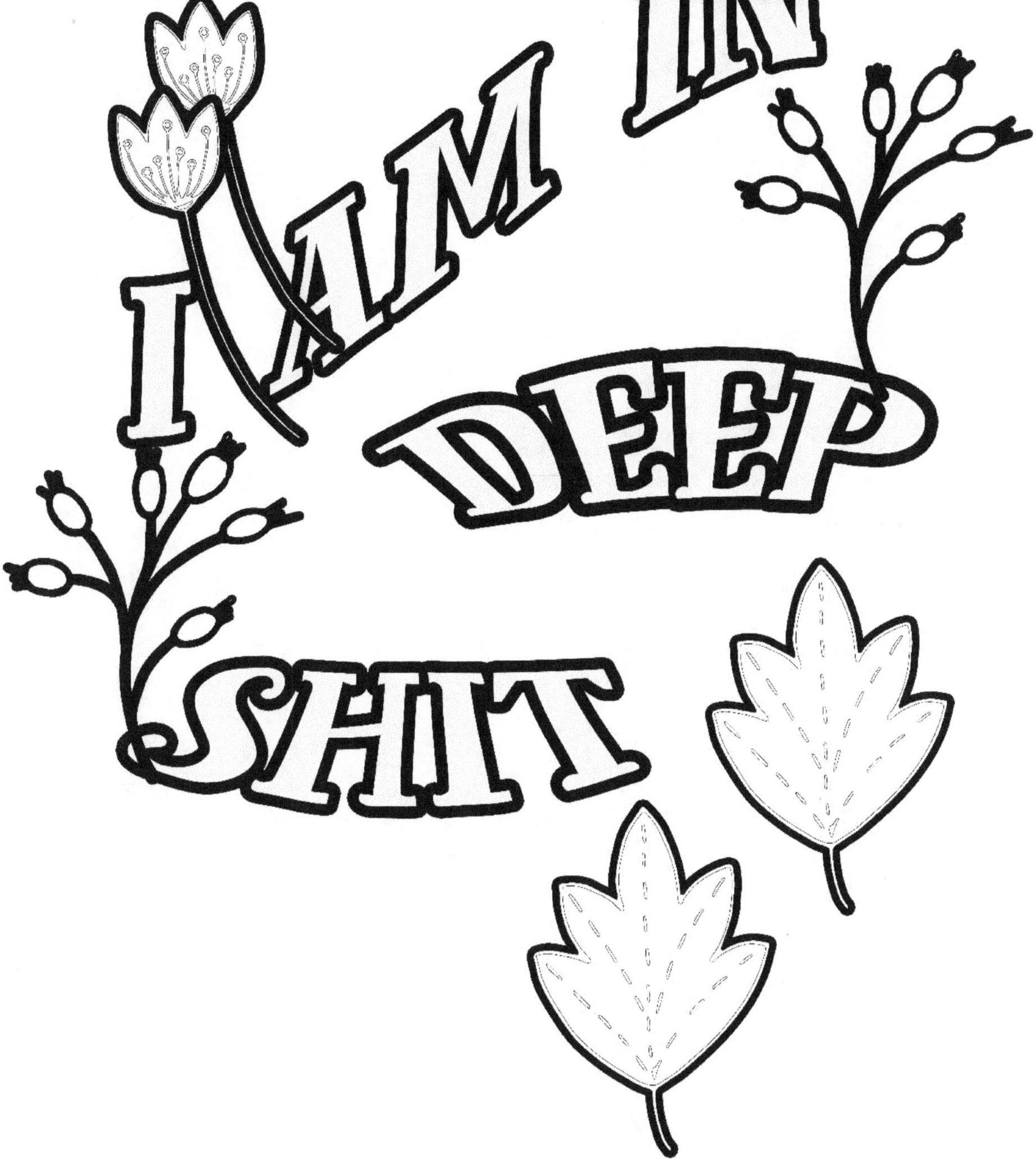
I AM IN
DEEP
SHIT

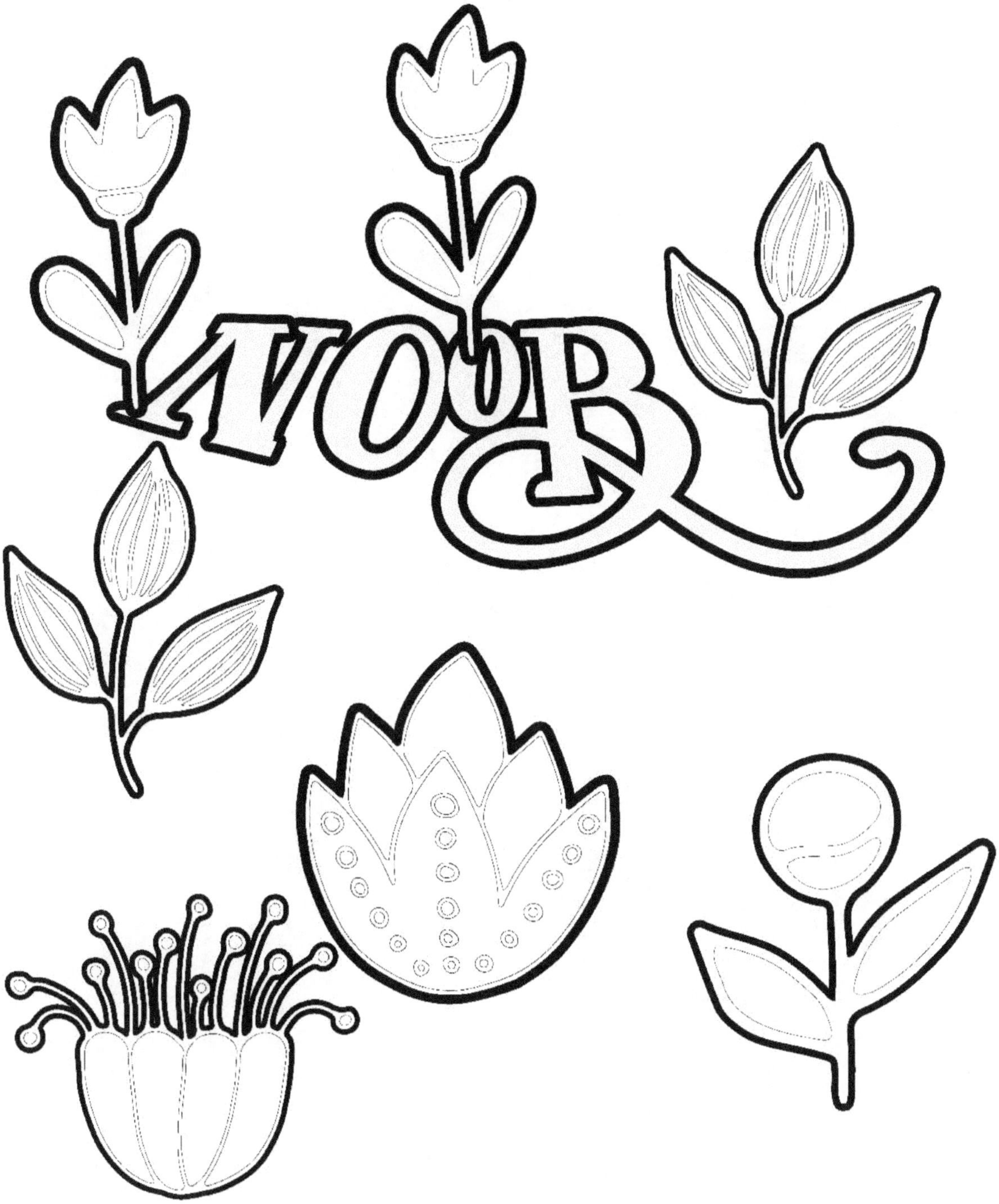
NOOB

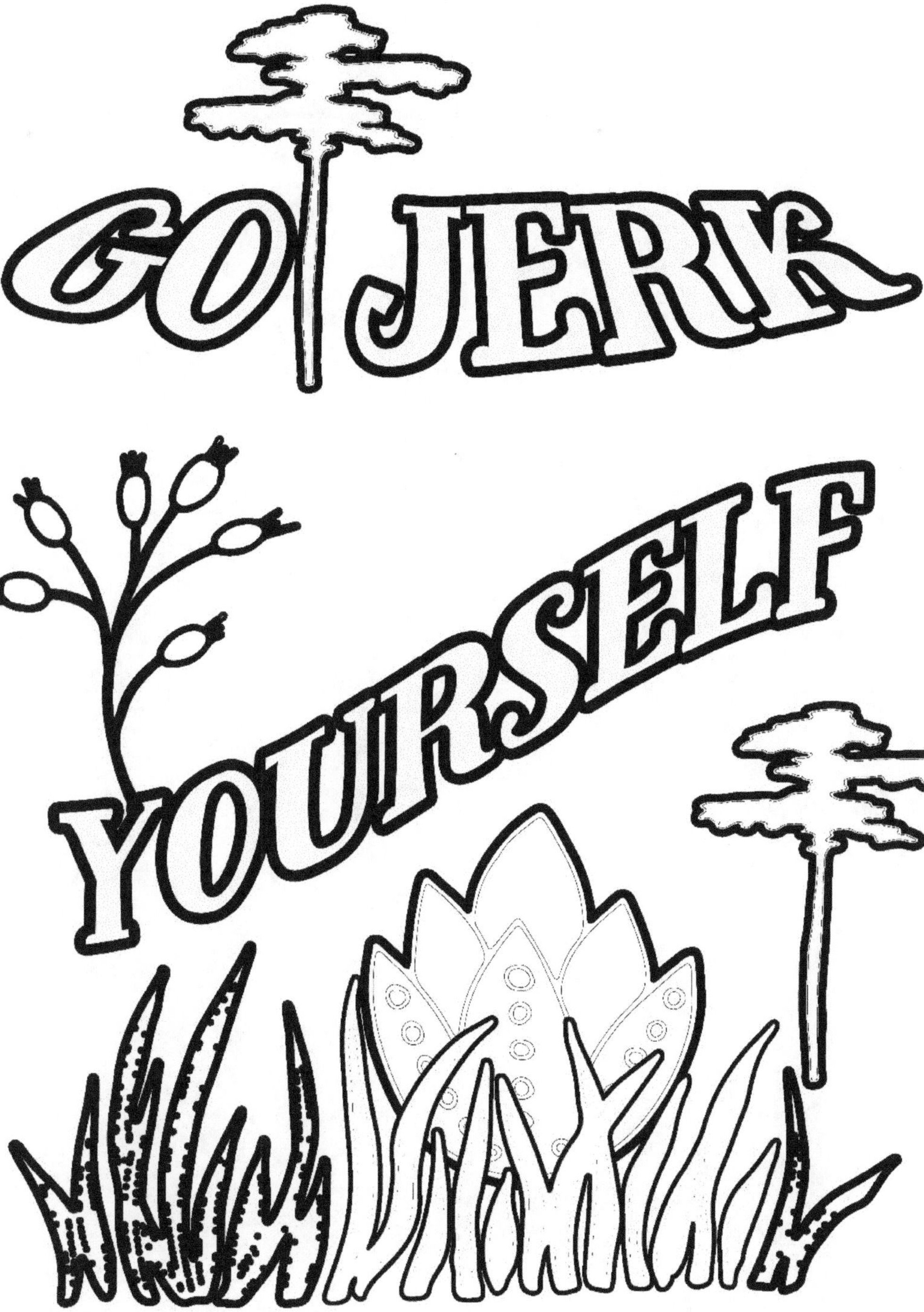
GO JERK
YOURSELF

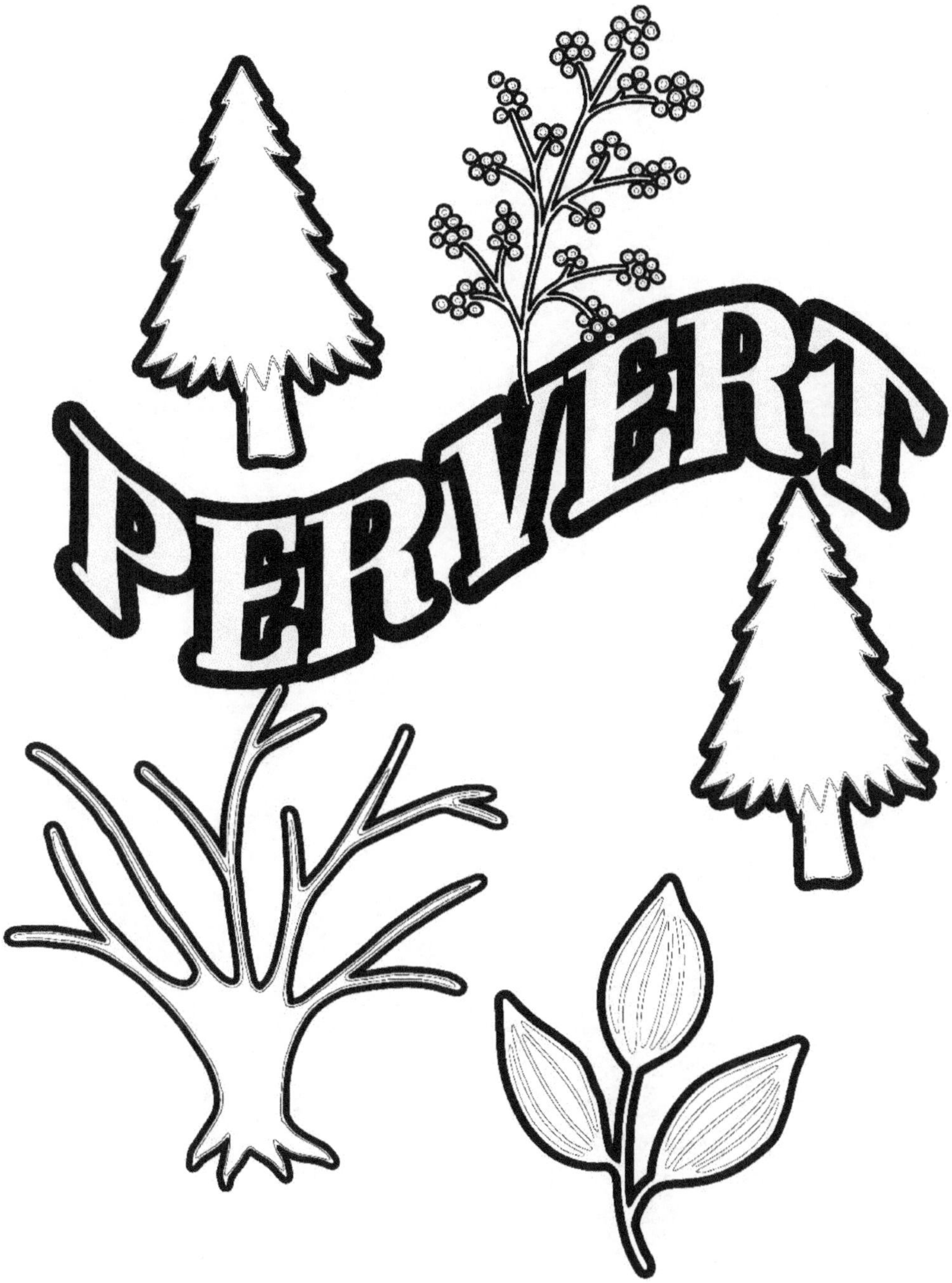
PERVERT

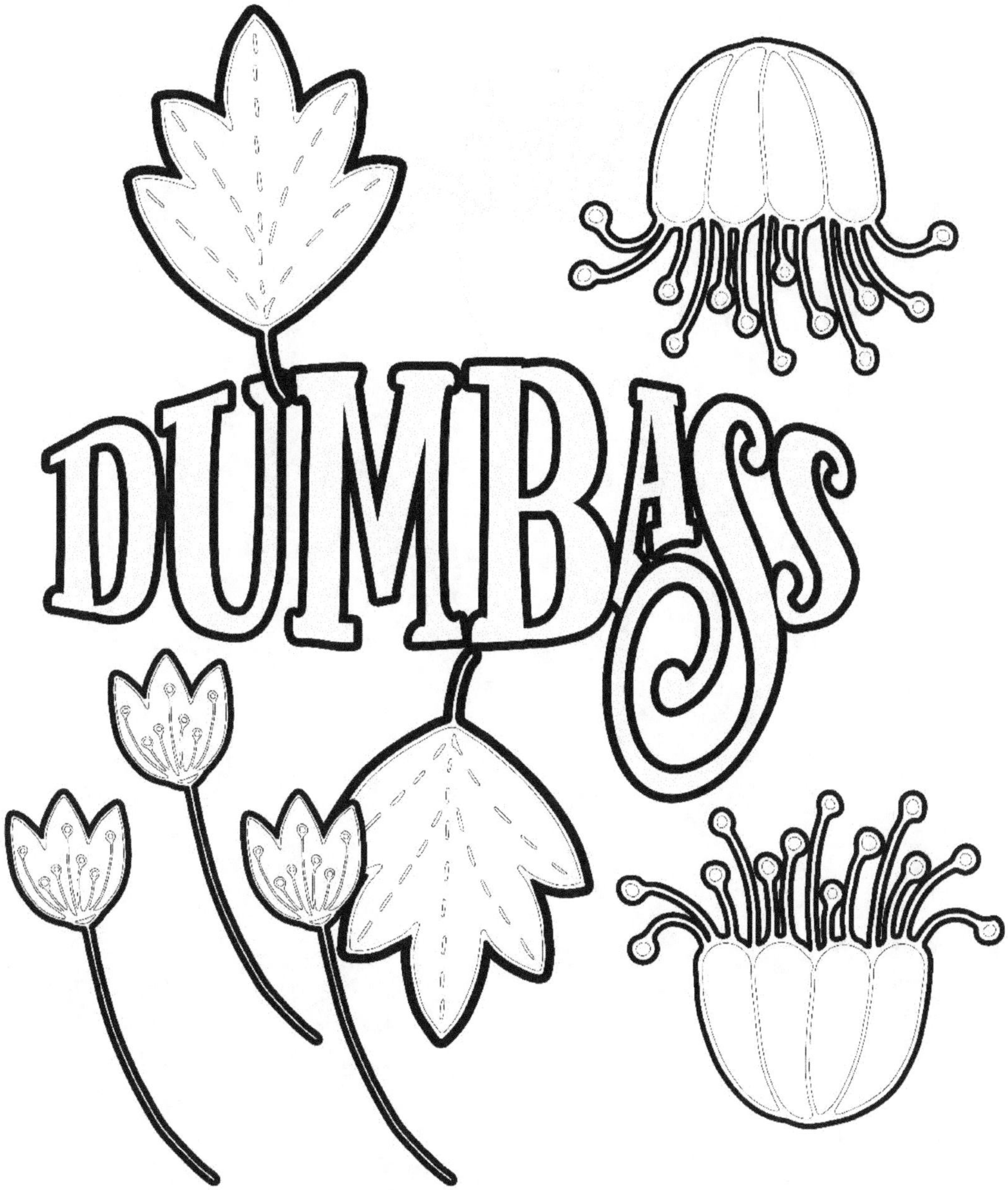
DUMBASS

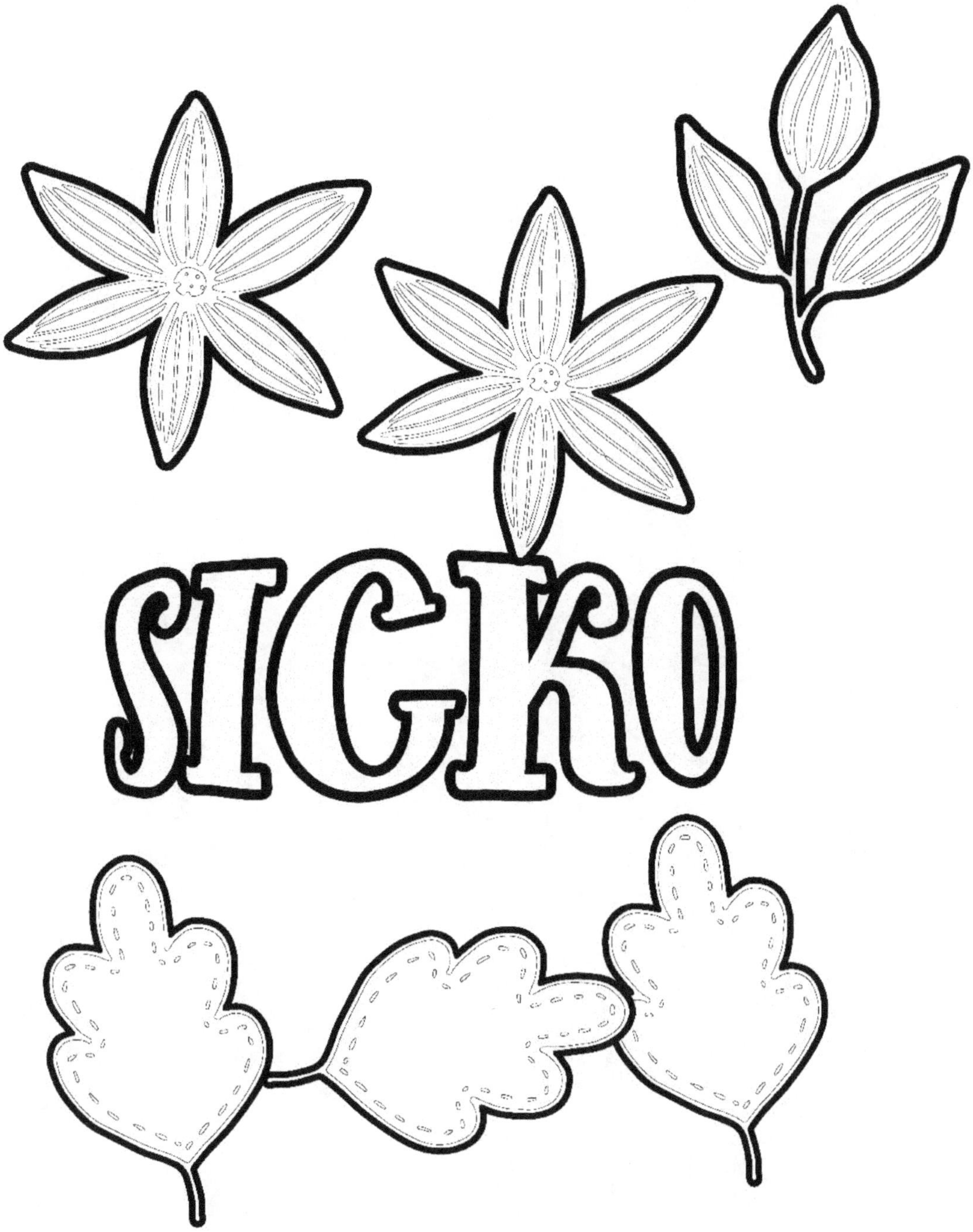
SICKO

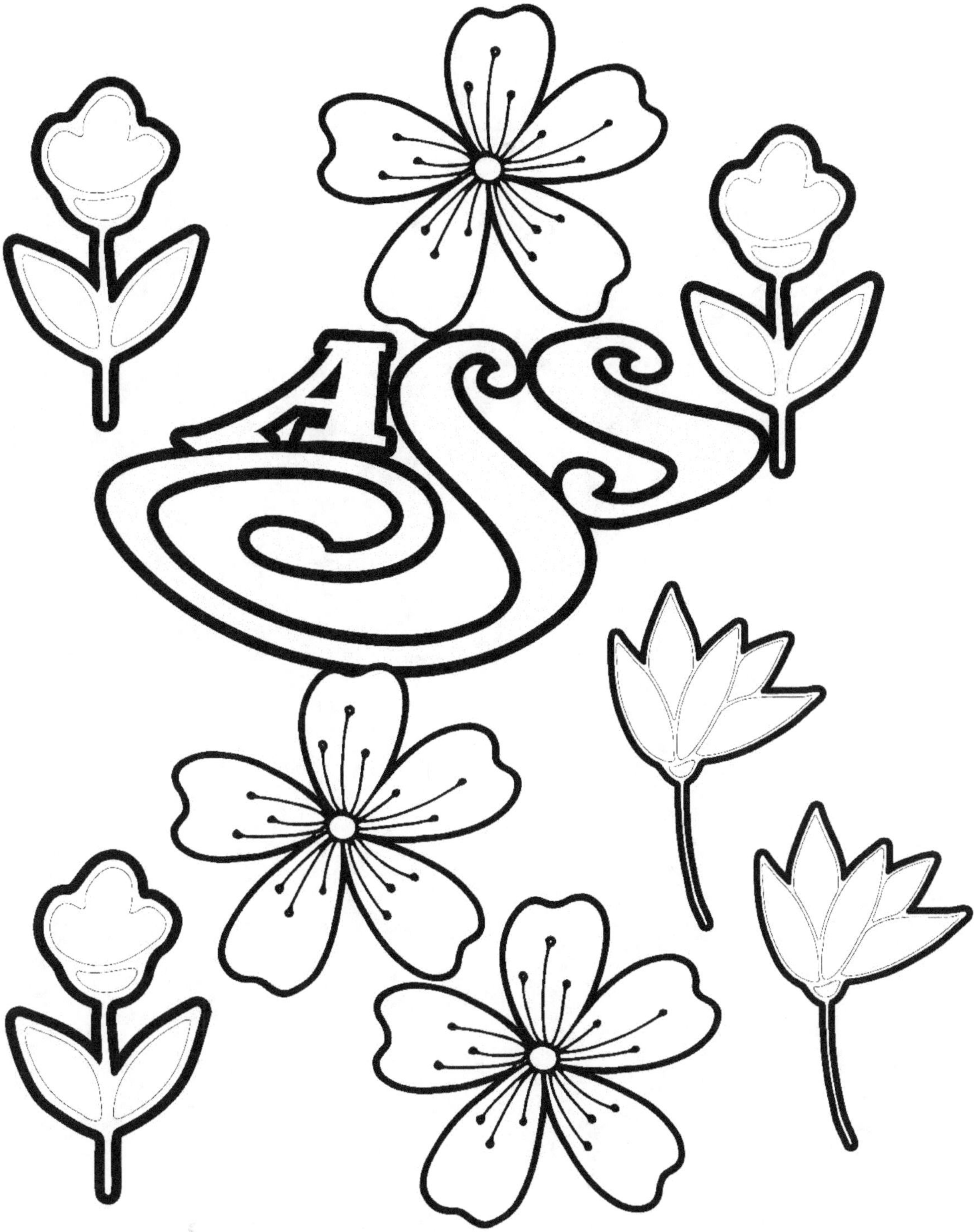
ASS

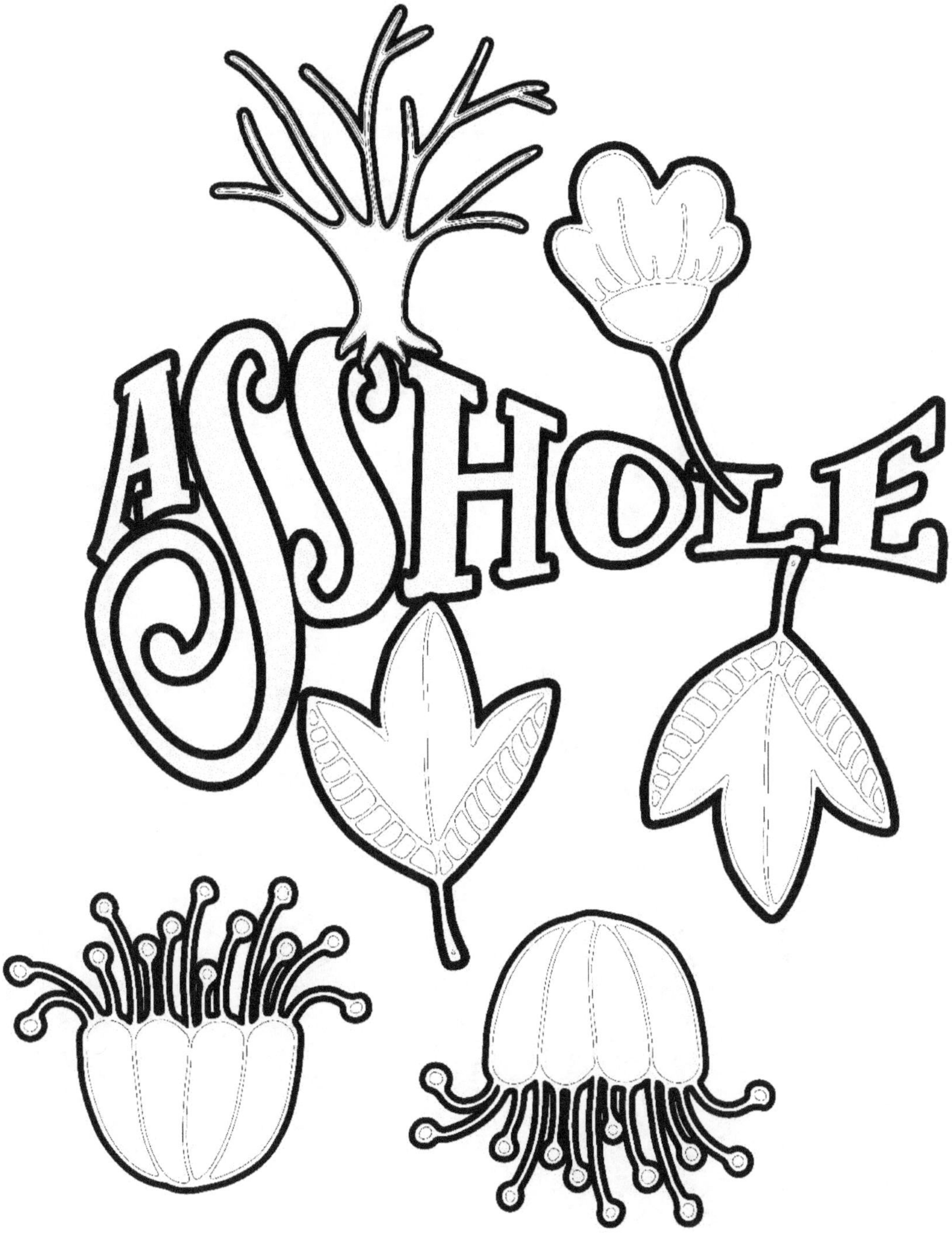
ASSHOLE

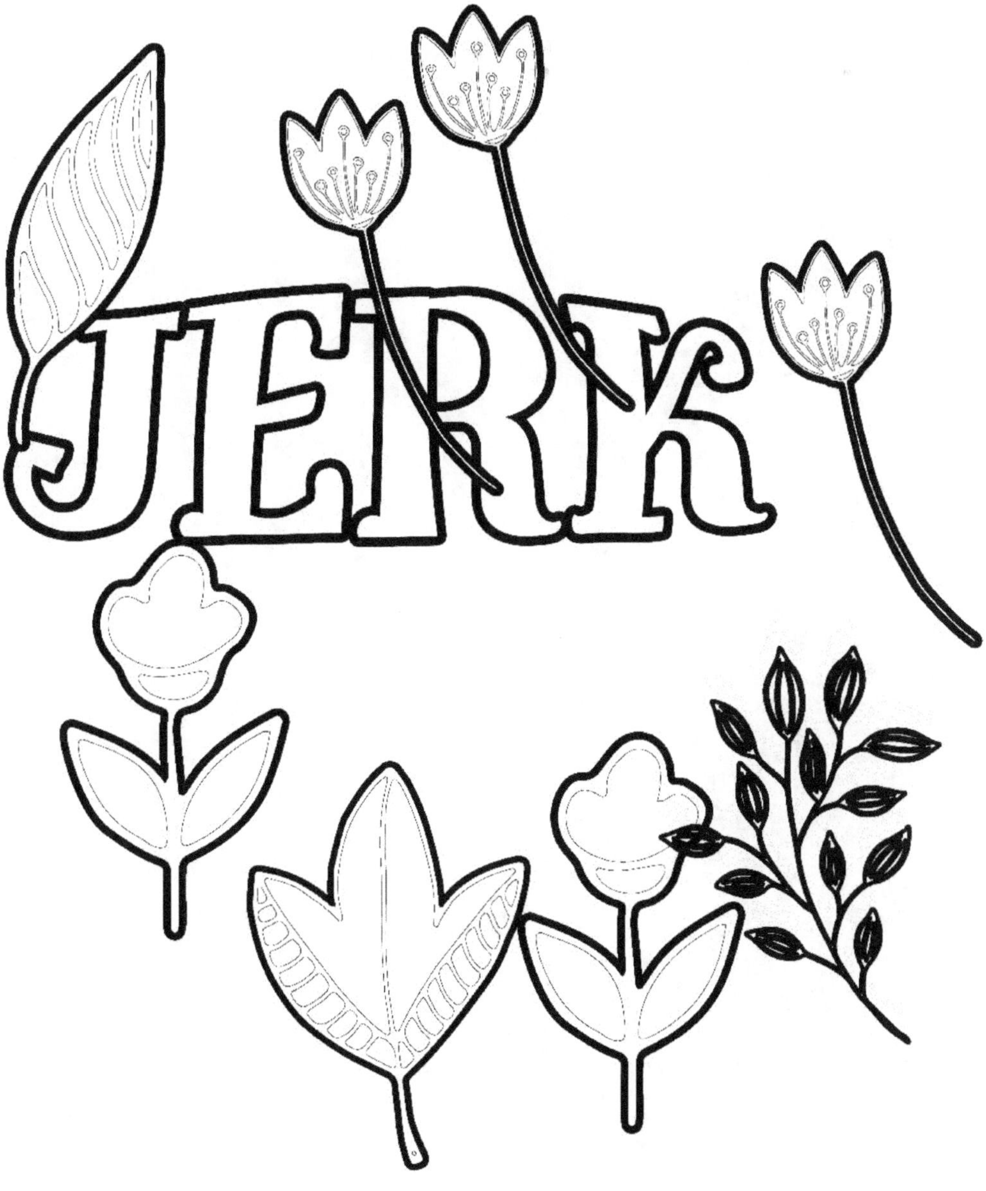
JERK

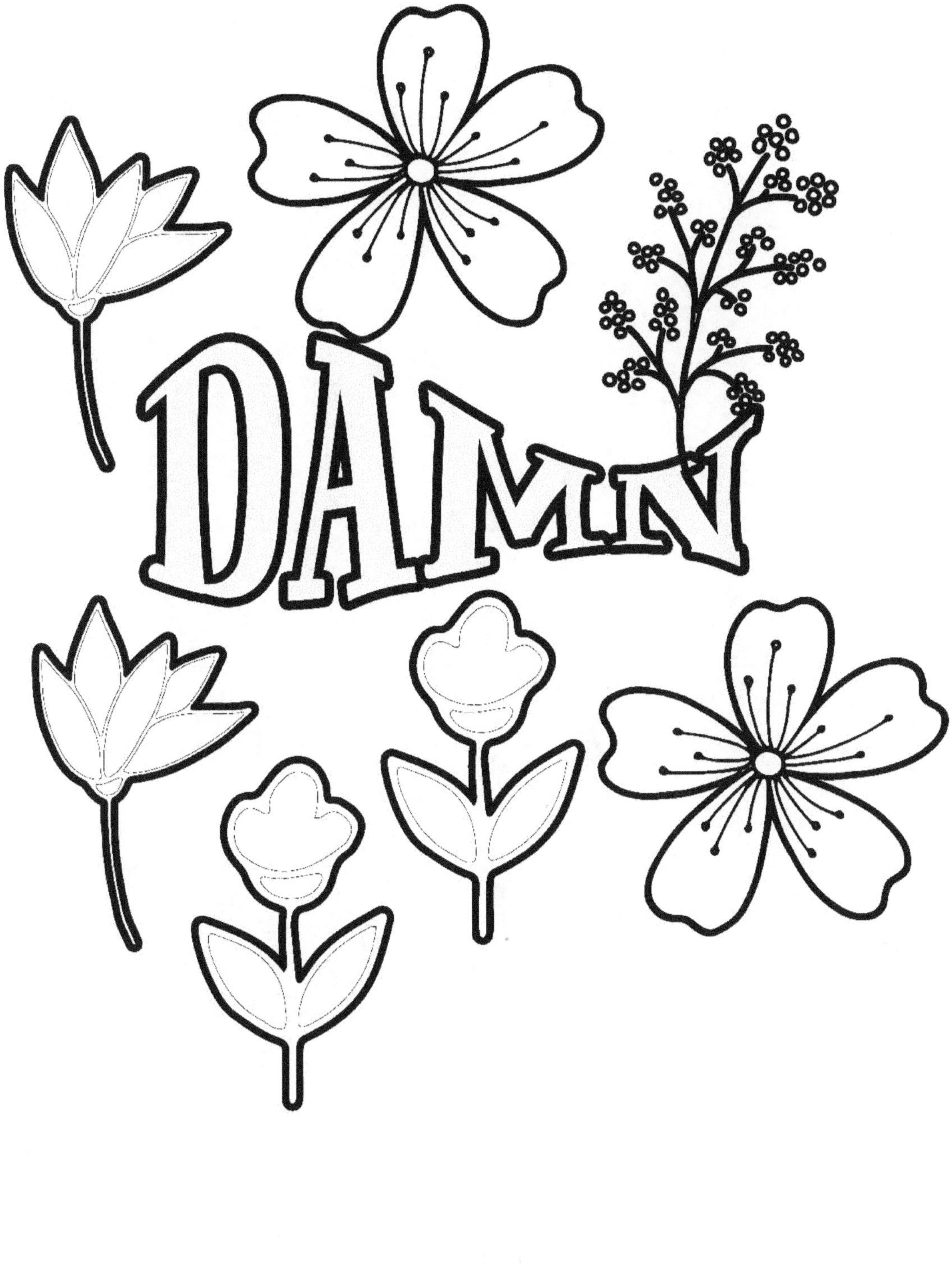
DAMN

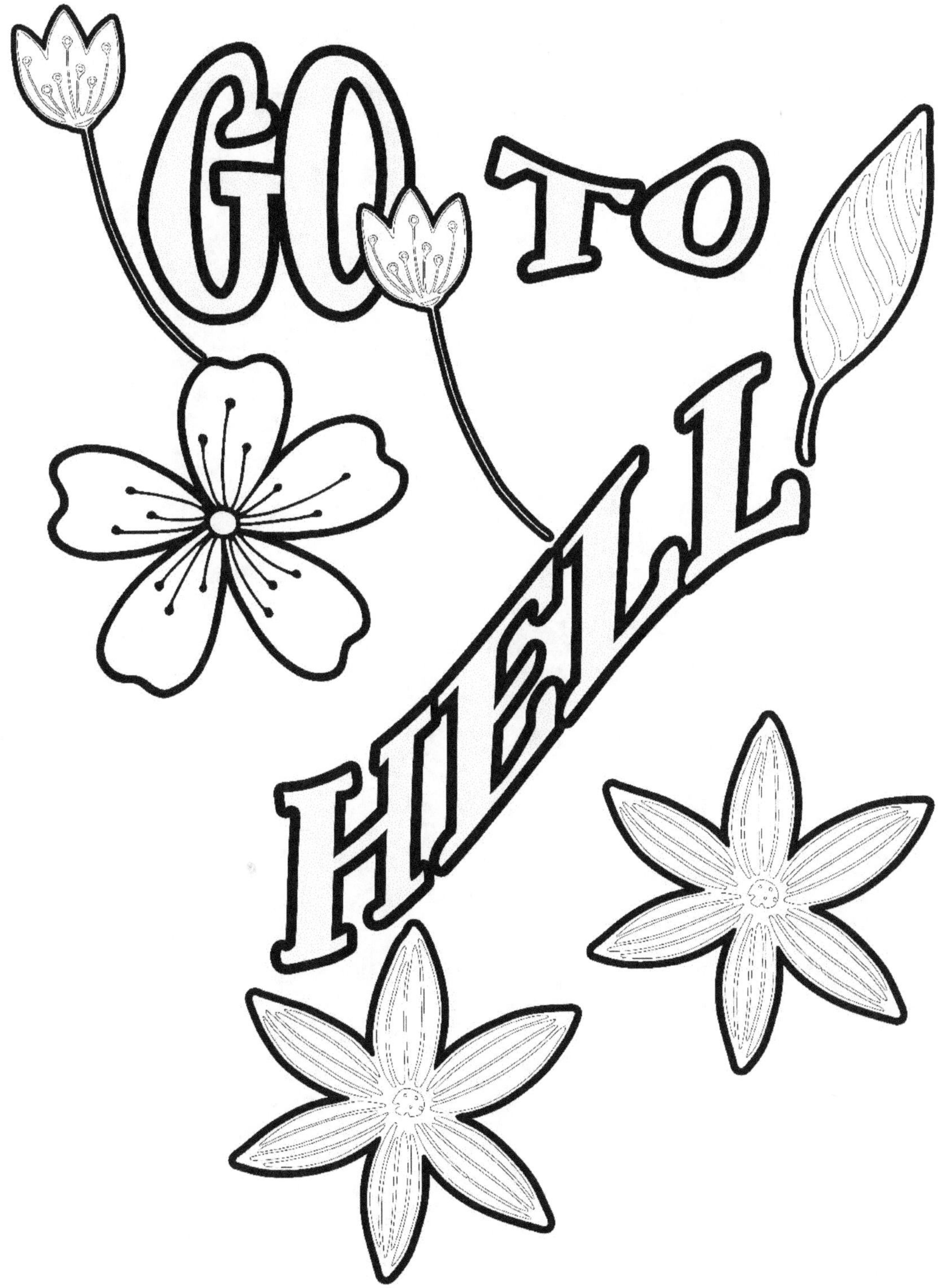
GO TO
HELL

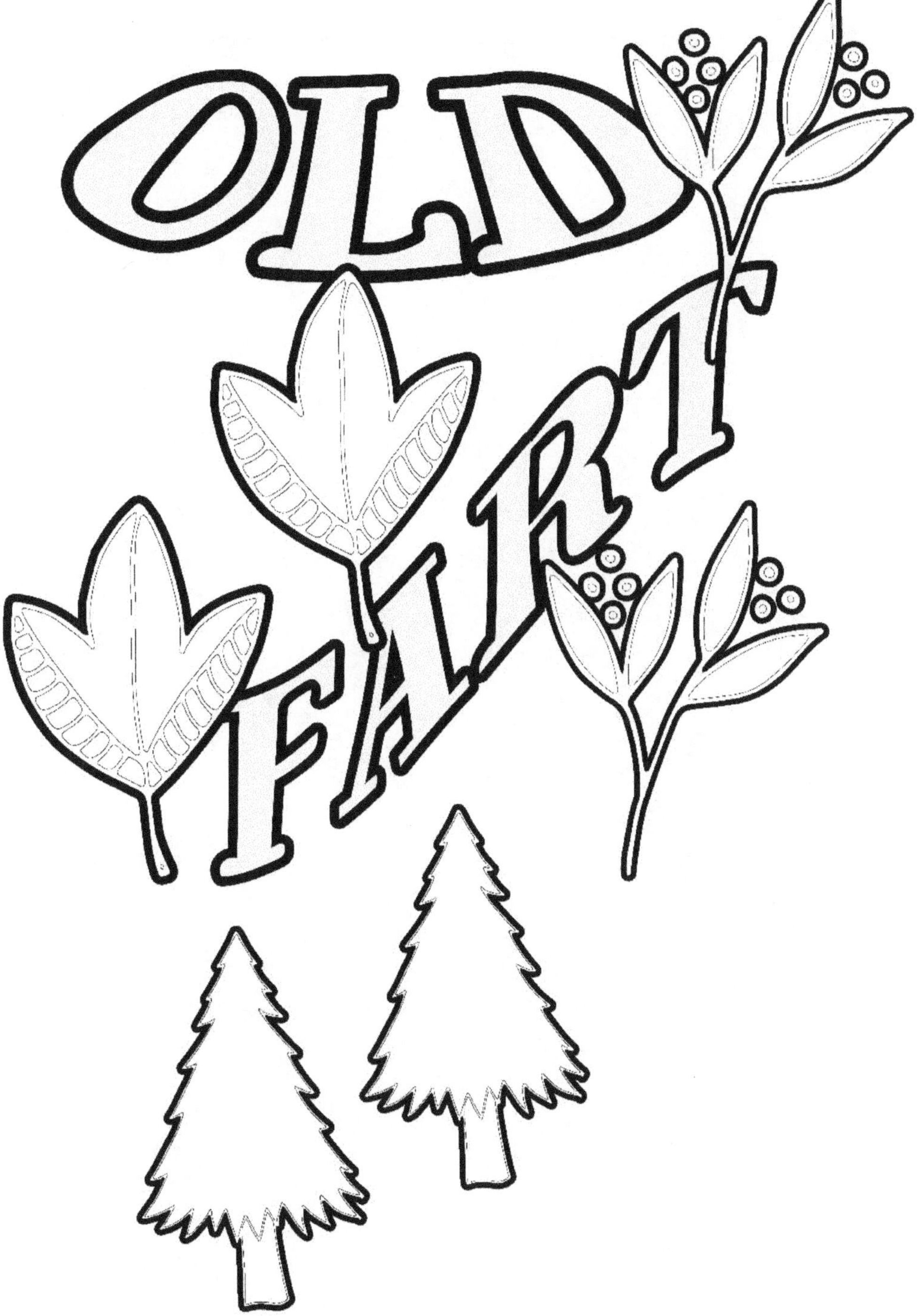
OLD
FART

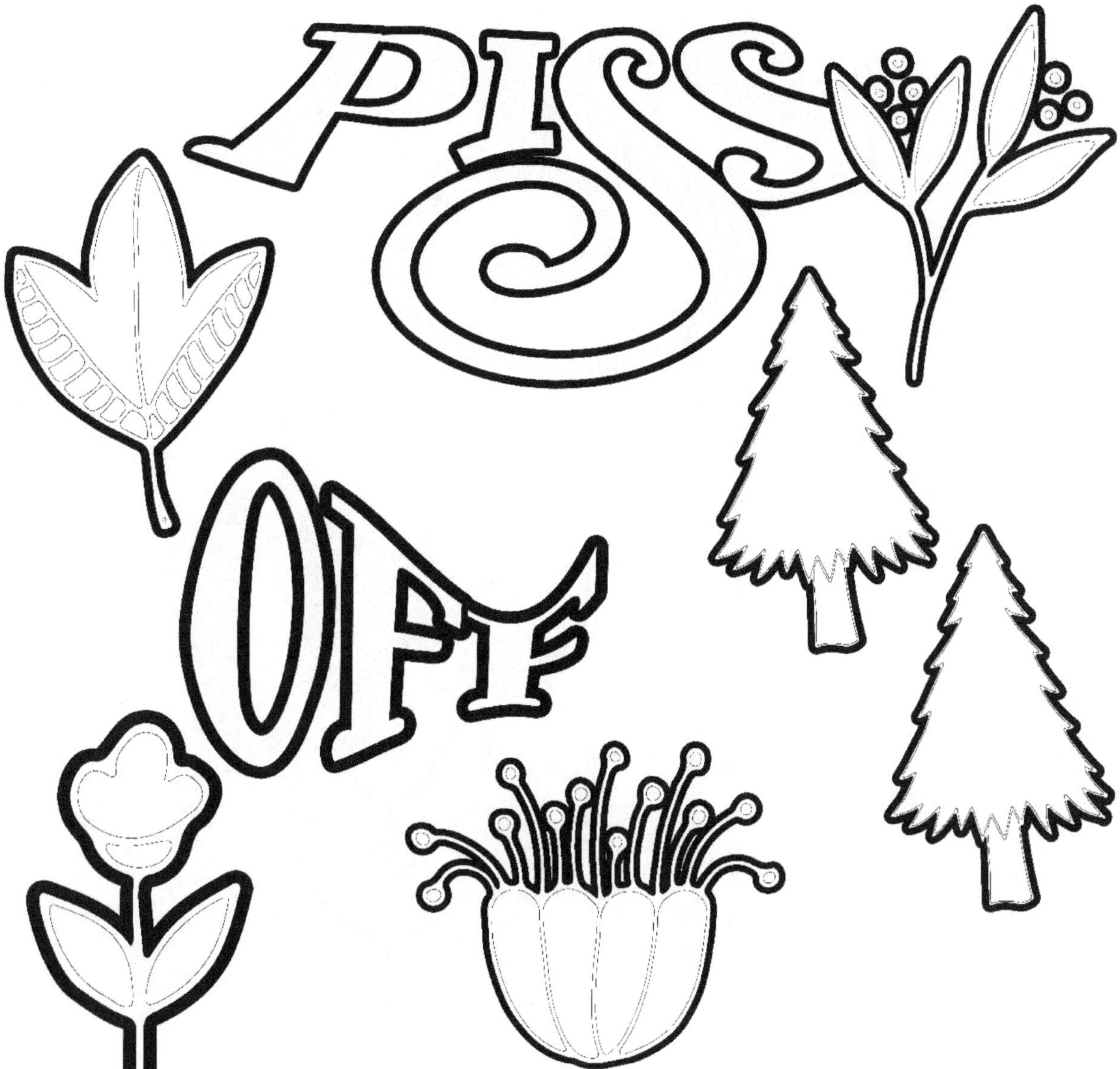
PISS
OFF

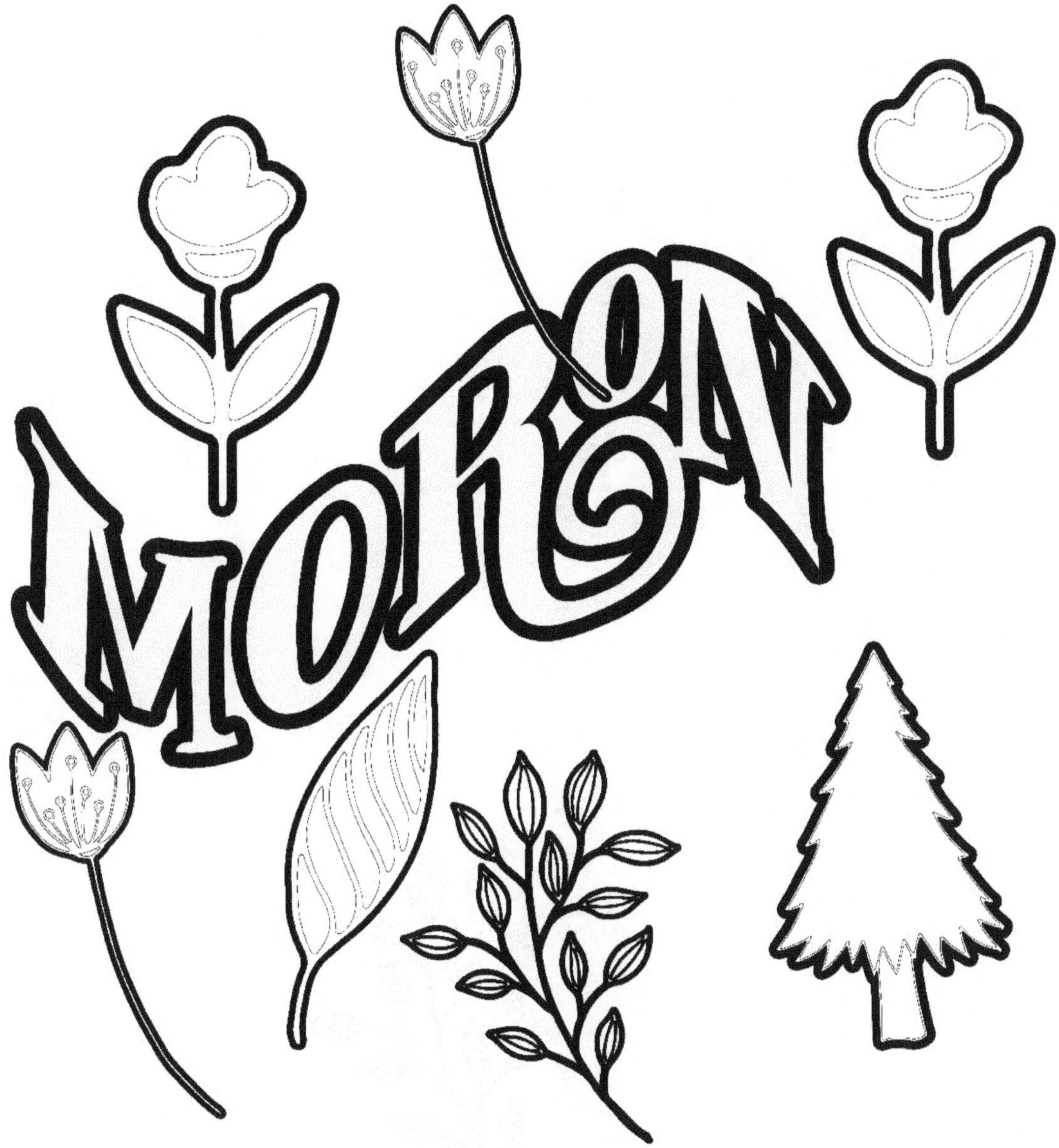
MORON

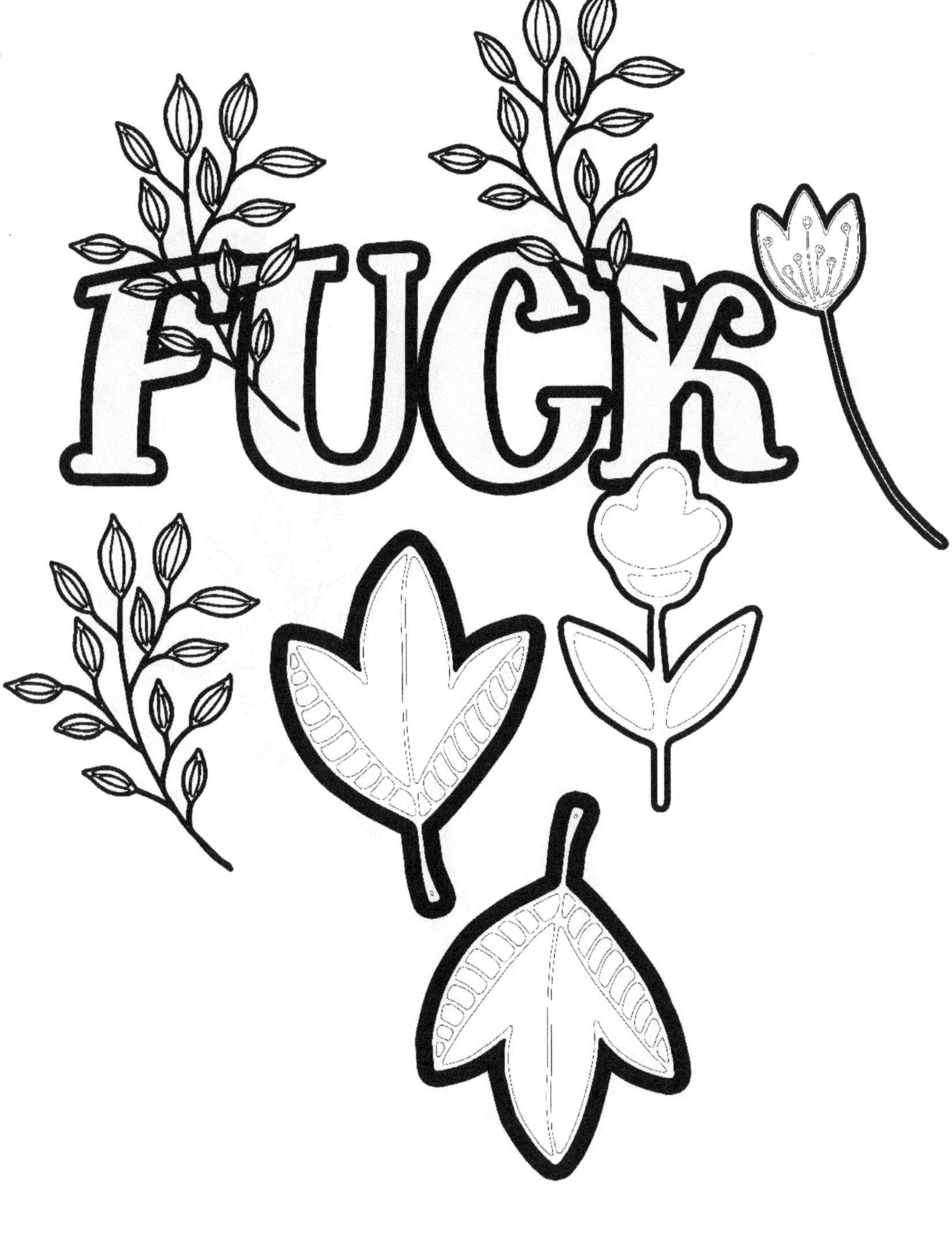
FUCK

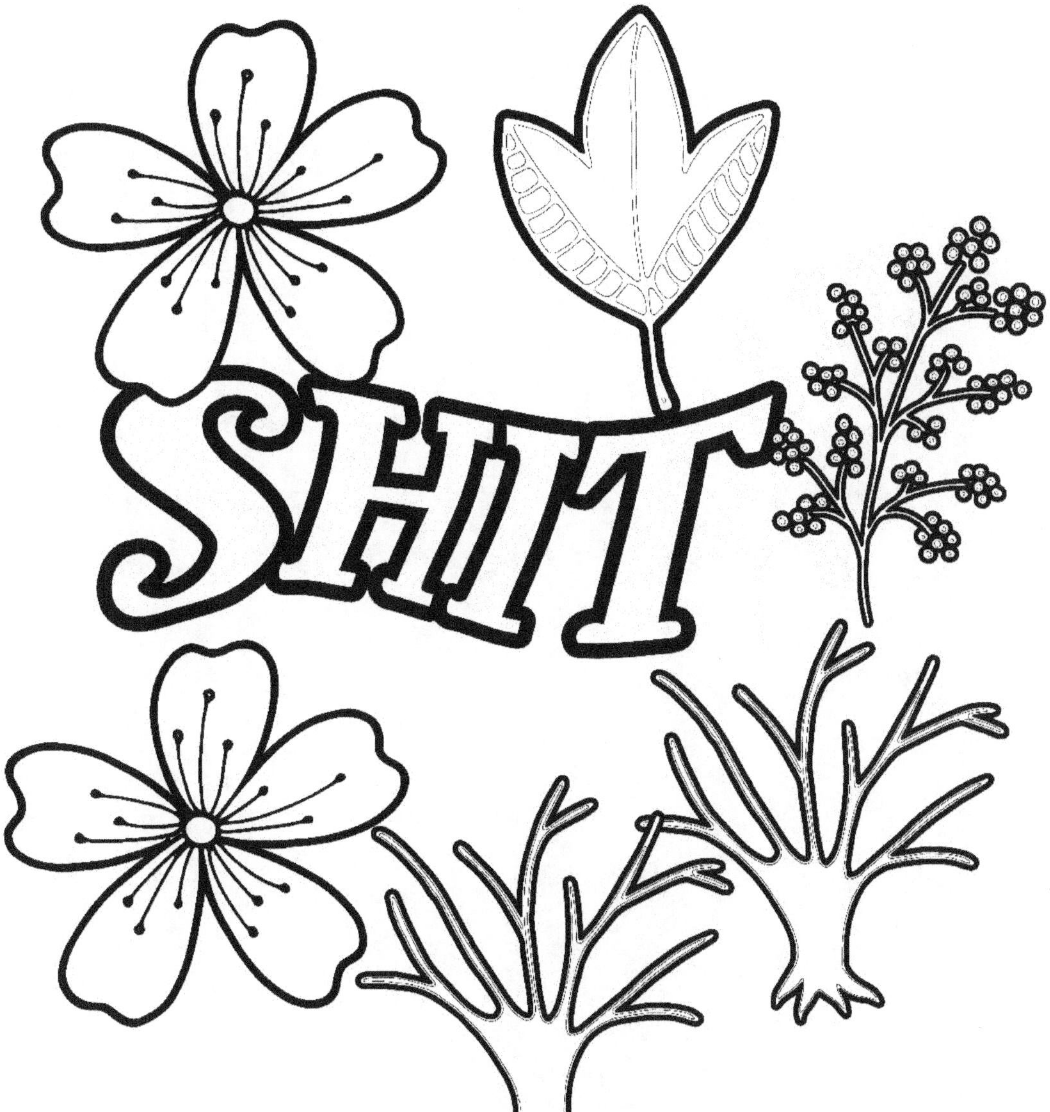
SHIT

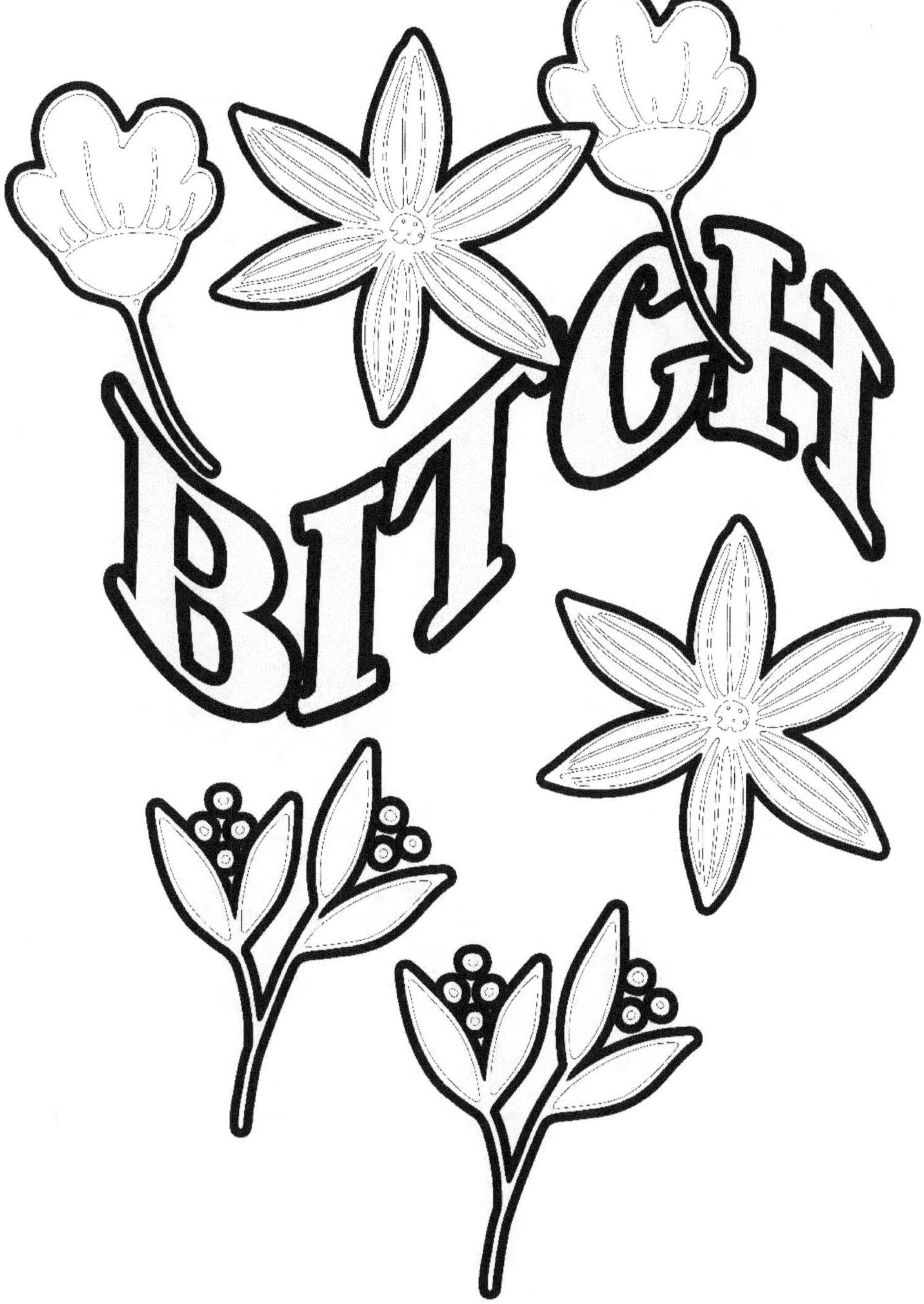
BITCH

Note

www.ingramcontent.com/pod-product-compliance
Lightning Source LLC
Chambersburg PA
CBHW080638190526
45169CB00009B/3423
9781533521095